23. Juli – 23. August

Der Löwe

Johann Mayrs Satierkreiszeichen

Würde

Intelligenz

Güte

Eitelkeit

Leiden-
schaft

Kraft

Lebenslust

Dynamik

Eleganz

KORSCH
VERLAG

© Korsch Verlag GmbH & Co., Gilching, Juli 2006
Illustrationen: Johann Mayr
www.johannmayr.de
Texte: Christine Guggemos
Gestaltung: Barbara Vath
Satz: FIBO Lichtsatz, Kirchheim
Lithografie: REPRO BRÜLL, A-Saalfelden
Druck und Bindung: Uhl, Radolfzell
Printed in Germany
ISBN 10: ISBN 3-7827-2121-7
ISBN 13: ISBN 978-3-7827-2121-9

Verlagsverzeichnis schickt gern:
A. Korsch Verlag GmbH & Co., Postfach 10 80, 82195 Gilching
www.korsch-verlag.de

Inhalt

Löwen-Steckbrief • 4

Das Löwen-Prinzip • 8

Der Über-Löwe • 12

Der Löwe und die anderen • 16

Damit kann man den Löwen
ganz schön ärgern • 20

Damit kann man dem Löwen
eine große Freude machen • 22

Der Löwe im Bett • 24

Löwen, die die Welt veränderten • 26

Die 10 wichtigsten Gründe,
warum es schön ist, ein Löwe zu sein • 30

Die 10 wichtigsten Gründe,
warum es anstrengend ist, ein Löwe zu sein • 34

Löwendiplomatie für Anfänger • 38

Erfindungen, die dem
Löwen zugeschrieben werden • 42

10 Gebote für ein gutes
Zusammenleben mit dem Löwen • 44

Nur noch Löwen auf der Welt – geht das? • 46

Löwen-Steckbrief

Der Löwe

Lateinischer Name: Leo
Gattung: Großkatzen
Geburtsdatum: 23.7. – 23.8.
Element: Feuer
Planet: Sonne

Merkmale

Der Löwe ist in der Regel zwischen 1,50 und 2,30 Meter groß und zwischen 50 und 200 Kilo schwer. Die weiblichen Löwen sind etwas kleiner und zierlicher als die Männchen, in ihrer Erscheinung aber mindestens ebenso beeindruckend. Das Wesen der Löwen ist selbstbewusst, großzügig, mutig, majestätisch, lebenslustig, extrovertiert, eigenständig, stark und optimistisch, kann aber auch egozentrische, extrem dominante, unbeherrschte, verschwenderische, arrogante und oberflächliche Züge annehmen. Das kommt ganz auf das jeweilige Exemplar an.

Verbreitung

Den domestizierten Löwen findet man überall auf der Erde, wo man der Astrologie Beachtung schenkt. Wichtig für ein gesundes Wachstum der Art sind ausreichend Sonnentage, eine luxuriöse Verpflegung und die Anwesenheit einer

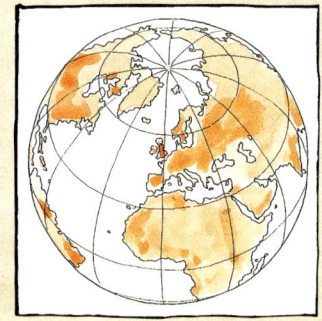

Schar demütiger Gefolgsleute. In dünn besiedelten Gegenden, die die Bildung eines Hofstaates nicht ermöglichen, ist der Bestand gefährdet, wenn nicht bereits ausgestorben.

Lebensweise und Ernährung

Der Löwe ist ein Rudeltier, das alleine nur schwer überleben kann. Er verbringt seine Zeit gerne dösend in der Sonne, während seine fleißigen Gefolgsleute für Unterhaltung und Verpflegung sorgen. Der Löwe ernährt sich am liebsten von Delikatessen aller Art und genießt dazu Champagner, Vino Nobile oder edle Cocktails. Wenn man Löwen längere Zeit nur mit trockenem Brot, billiger Leberwurst aus dem Supermarkt oder Doseneintopf füttert, kann es zu stumpfem Fell, Mähnenausfall oder ernsteren Krankheiten kommen.

DER LÖWE WEISS INSTINKTIV, WAS FÜR IHN DER
MITTELPUNKT SEINES LEBENS IST

SELBST IN BESCHEIDENER UMGEBUNG VERSTEHT
ES DER LÖWE, SICH VON ANDEREN ABZUHEBEN

Das Löwen-Prinzip

Das Löwen-Prinzip ist eigentlich ganz einfach zu verstehen. Man muss sich nur Folgendes bewusst machen: Wenn man das Zusammenleben auf dieser Welt als eine Art Planetensystem begreift, ist der Löwe die Sonne, und alle anderen Lebewesen drehen sich um ihn. Ohne den Löwen geht gar nichts. Er ist der Motor, der diese Welt am Laufen hält, er hat das erste und das letzte Wort und er trifft die Entscheidungen. Da ist es eigentlich logisch, dass es sehr schwierig ist, den Löwen erfolgreich zu zähmen oder gar für Kunststücke abzurichten. Sein starker Wille, sein Freiheitsdrang und sein Mut sind zusammen mit seiner ziemlich dominanten Ader ein nahezu unüberwindbares Hindernis für jeden, der sich als Löwendompteur versuchen will. Auch Käfighaltung ist nicht zu empfehlen. Am besten, man lässt die Finger von jeglichen Versuchen, den Löwen zu dressieren und akzeptiert einfach, dass er das Sagen hat. Zur Belohnung dafür zeigt er sich von seiner besten Seite: charmant, großzügig und voller Energie. Wer den Löwen ideal einsetzen will, gibt ihm einen Thron, einen Chefsessel oder mindestens ein Abteilungsleiterbüro für sich, sowie eine Heerschar fleißi-

DER LÖWE KANN ES NICHT AUSSTEHEN, DIE
FÄDEN NICHT SELBST IN DER HAND ZU HABEN

ge und ehrerbietige Untergebene und lässt ihn einfach machen. Als Chef ist er wegen seines Selbstbewusstseins, seiner Überzeugungskraft und seines Optimismus absolut unschlagbar. Sollte gerade kein Chefposten frei sein, lässt sich der Löwe zwischenzeitlich auch mal anderweitig beschäftigen. Als Schauspieler zum Beispiel oder Testesser für den Guide Michelin. Sein dramaturgisches Talent ist enorm und verleiht jeder Bühnenaufführung und jedem Fernsehfilm einen Hauch von königlichem Flair. Warum Testesser, fragen Sie? Nun, der Löwe liebt jeglichen Luxus und in dieser Position wird man fast ebenso hofiert wie als Darsteller von Sissi oder Alexander dem Großen. Wenn man ihn mit Bewunderung und Respekt behandelt und ihn stets spüren lässt, dass er etwas ganz Besonderes ist, ist der Löwe glücklich. Auch sollte man ihm einen extravaganten und prunkvollen Lebensstil in jedem Fall möglich machen. Dann kann er seine Energie und seine positive Lebenseinstellung bis ins höchste Alter beibehalten.

LÖWEN BRAUCHEN UNBEDINGT EINE BÜHNE
AUF DER SIE SICH PRODUZIEREN KÖNNEN

Der Über-Löwe

Was passiert wohl, wenn eines Tages ein kleiner Löwe die Welt erblickt, bei dem die Löweneigenschaften ins Extreme neigen? Quasi ein Löwe mit Aszendent Löwe, ein Mega-Löwe, der König unter den Löwen? Lassen Sie uns dieses Szenario einmal kurz durchspielen: Als Baby ist unser kleiner Simba noch recht pflegeleicht. Auch Königskinder haben Hunger, schlafen viel und machen in die Hose, da macht die Natur keinen Unterschied zwischen Herrschern und Untergebenen. Sobald der Löwe aber spricht, merkt man, dass hier ein zukünftiger König geboren ist. Statt der Flasche verlangt er ein goldenes Becherchen, statt seines Kinderstühlchens einen mit rotem Samt bezogenen Thron und statt seines Kinderwagens eine von vier weißen Pferden gezogene Kutsche. Seine elterlichen Dienstboten behandelt er gut und gerecht, erwartet aber dafür absolute Aufmerksamkeit und

LÖWEN WISSEN, DASS IHR ANGESTAMMTER PLATZ
GANZ OBEN IN DER GESELLSCHAFT IST

Rund-um-die-Uhr-Spiele. Dabei kann er sich hervorragend auf seine spätere Rolle als Herrscher über Mittelerde oder zumindest Chef eines Großkonzerns vorbereiten. Auch der Kindergarten und die Schule dienen ihm erst mal als Übungsfeld für seine späteren Aufgaben. In der großen Pause hält er Huldigungs- und Autogrammstunden ab und nach der Schule lässt er sich von seinen Mitschülern in einer Sänfte nach Hause tragen. Nachmittags posiert er vor dem Spiegel und trainiert in königliche Gewänder gehüllt Menuetttanzen und Zepterschwingen. Nachts träumt er von seinen großen Vorbildern. Königin Beatrix und Ludwig II. laden ihn auf ihre Märchenschlösser ein. Da kann man sich problemlos vorstellen, was aus unserem kleinen Turbolöwen einmal wird. Nur sein Herrschaftsbereich steht momentan noch in den Sternen.

BÖSWILLIGE GLAUBEN, DER LÖWE SEI EITEL, DABEI
WILL ER NUR ANDERE MIT SEINEM ANBLICK BEGLÜCKEN

Der Löwe und die anderen

Angenommen, der Löwe sitzt eines Abends mit den anderen 11 Sternzeichen an einem reich gedeckten Tisch, doch irgendwie will sich heute trotz seiner großzügigen Einladung kein Mensch einigermaßen anständig benehmen. Im Gegenteil, der Löwe will endlich seine große Rede halten, doch der Zwilling plappert pausenlos dazwischen, um von seinem neuesten Handy zu berichten. Der Krebs sinniert darüber nach, ob es nicht besser gewesen wäre, statt der erlesenen Speisen und Getränke einen Kleinwagen zu kaufen. Spielverderber! Die Jungfrau gibt ihm auch noch Recht und hat zudem nur Augen für Krümel und verschmutzte Teller, statt die Speisen zu genießen. Die Waage meckert an der Tischdekoration herum, angeblich zu protzig, stillos, asymmetrisch, pah! Undank ist der Welten Lohn! Der Skorpion schlägt vor, das Licht auszuschalten und im Dunkeln zu essen, wegen der tollen sinnlichen Erfahrung. Kommt gar nicht in Frage, dann sieht ja keiner mehr die goldenen Leuchter! Der Schütze kann

LÖWEN HABEN IN DER REGEL EINE ANGEBORENE
AUTORITÄT

gar nicht mehr aufhören, mit seinen neuesten Erlebnissen anzugeben. Der Steinbock sitzt stumm in der Ecke, nippt an seinem Getränk und schaut ständig auf die Uhr, weil er später noch mal zur Arbeit muss. Der Wassermann sprüht vor Witz und Kreativität. Der Löwe lächelt gequält und wird langsam sauer. Schließlich ist das *sein* Abend! Der Fisch träumt vom großen Geld und quengelt, weil er unbedingt „Ziehung der Lottozahlen" anschauen will. Der Widder organisiert mit seinem Über-Aktionismus ständig neue Teller und Getränkenachschub. Was soll das? Wozu hat man Dienstboten! Der Stier sieht aus, als würde er gleich einschlafen. Kein Wunder nach zehn Gläsern Rotwein! Der Löwe hat endgültig die Schnauze voll, erhebt sich majestätisch und lässt einen Brüller los! Alles verstummt und auch der Stier wacht auf. Genüsslich und wieder bester Laune beginnt der Löwe mit seiner feierlichen Ansprache.

LÖWEN MÜSSEN GELEGENTLICH ETWAS GEBRÜLL
LOSWERDEN, UM IHRE POSITION ZU STÄRKEN

Damit kann man den Löwen ganz schön ärgern

Der Löwe ist ein Sonnenkind, das äußerst selten schlechte Laune hat. Aber ein bisschen Aufmerksamkeit sollte man ihm schon entgegenbringen, sonst verfinstert sich die Sonne ziemlich schnell. Wer den Löwen so richtig ärgern will, braucht sich also nicht besonders anzustrengen. Nichtbeachtung genügt völlig. Fixiert man während der Begrüßung des Löwen einen anderen Punkt im Raum, erscheint bereits eine kleine Zornfalte zwischen seinen Augenbrauen. Hat denn dieser Mensch nicht verstanden, mit wem er es zu tun hat? Extrem sauer wird der Löwe, wenn man während seiner spannenden Ausführungen gähnt, ihm Durchschnittlichkeit unterstellt oder gar seine wichtigen Anweisungen ignoriert. Da bleibt ihm selbst sein berühmtes Brüllen im Hals stecken. Der Löwe kann zwar fast alles verzeihen, aber mit Respektlosigkeit kann er einfach nicht umgehen. Zum Glück kommt es selten vor, dass der Löwe von seinen Mitmenschen mit Missachtung gestraft wird. So leicht ist er eben nicht zu übersehen.

AUF DERBE SCHERZE REAGIERT DER LÖWE
MEIST EHER HUMORLOS

Damit kann man dem Löwen eine große Freude machen

Wenn Sie das vorangegangene Kapitel aufmerksam gelesen haben, wissen Sie schon, was jetzt kommt: Wer den Löwen glücklich machen will, muss ihm huldigen, ihn würdigen, sich vor ihm verbeugen, ihm die Füße küssen und seinen Weitblick loben und zwar 24 Stunden am Tag. Das genügt. Falls es Ihnen schwer fällt, dem Löwen derart viel Honig ums Maul zu schmieren, weil Sie selbst ein sehr unabhängiger Mensch sind, können Sie aber auch etwas anderes ausprobieren. Füllen Sie sein von etlichen Kaufexzessen gebeuteltes Bankkonto wieder auf, fahren Sie seinen Jaguar zur Inspektion oder bringen Sie seine Designerklamotten in die Reinigung. Zu teuer, meinen Sie? Ja, billige Freuden sind nichts für den Löwen. Sollten Sie gerade genauso wenig liquide sein wie er, haben Sie noch eine Möglichkeit. Lassen Sie sich von ihm auf Kreditkarte in ein Nobelrestaurant einladen und genießen Sie den Abend. Dem Löwen wird es ein Vergnügen sein. Vielleicht sogar das größte.

LÖWEN KÖNNEN SEHR GROSSZÜGIG UND GÖNNER-
HAFT SEIN

Der Löwe im Bett

Na, haben Sie diese Seite als Erstes angesteuert? Sie sind schon wahnsinnig gespannt, welch königliche Spiele der Löwe im Bett zelebrieren wird? O. K., dann wollen wir Sie mal nicht länger auf die Folter spannen: Es gibt zwei Orte, an denen sich der Löwe besonders wohl fühlt. Der eine ist sein Thron. Hier repräsentiert er, nimmt würdevoll kleine Aufmerksamkeiten entgegen und inszeniert sich selbst. Der andere ist sein Bett, der private Gegenpol zu all der interessanten aber dennoch anstrengenden Öffentlichkeitsarbeit. Hier kann der Löwe endlich mal er selber sein. Er kann in aller Ruhe seinen Bauch kraulen, seine Mähne struppig und strähnig herunterhängen lassen und Energie für seine nächsten Aufgaben tanken. Auf ein bisschen Luxus kann aber der Löwe gerade in seinen Privatgemächern auf keinen Fall verzichten. Ein großer Spiegel, seidige Negligés oder Pyjamas und ein gefüllter Champagnerkübel neben dem satinbezogenen Himmelbett gehören zur Basisausstattung.

LÖWEN BRAUCHEN AUSGEDEHNTE RUHEPHASEN,
UM DEM ALLTAG MIT NEUER KRAFT ZU BEGEGNEN

Löwen, die die Welt veränderten

Es gibt kaum einen Löwe-Geborenen, der die Welt nicht irgendwie maßgeblich geprägt hätte, das steht soweit fest. Falls Sie, verehrter Leser, also Löwe-Geborener sind, und Ihren Namen an dieser Stelle nicht vorfinden, möchten wir Sie demütigst um Vergebung bitten. Aus Platzgründen können hier leider nur einige ausgewählte Löwen berücksichtigt werden. Da wäre zum einen das wohl berühmteste Exemplar aller Löwen, Napoleon Bonaparte. Nur wegen seines Löwenmutes schaffte er einen kometenhaften, schwindelerregenden Aufstieg. Als verarmter korsischer Landadeliger, der erst mit 10 Jahren die französische Sprache erlernte, brachte er es in kürzester Zeit zum Kaiser von Frankreich und König Italiens. Und das bei nur 1,64 m Körpergröße! Wir bitten um posthumen Applaus! Während seiner aktiven Zeit als Feldherr und Staatsmann

LÖWEN SIND AN KARRIERE UNINTERESSIERT,
SOLANGE SIE GANZ OBEN SIND

hat er die Welt ganz schön in Atem gehalten. Auch wenn sein Ende auf St. Helena weniger ruhmreich war und seine territorialen Umstrukturierungsmaßnahmen nicht lange Bestand hatten, hat er der Menschheit doch immerhin eines gegeben: Ein neues Synonym für Niederlage – Waterloo. Sie finden das zynisch? Warten Sie's ab! Auch unter den Löwenmädchen gab es ähnlich berühmte Beispiele. Zum Beispiel Madame Dubarry, die es als arme uneheliche Tochter einer Näherin immerhin zur Maitresse Ludwigs des XVI. und zu einem eigenen Schloss brachte. In der damaligen Zeit eine herausragende Leistung. Doch leider kam die Französische Revolution dazwischen und die Guillotine … Geblieben sind der Welt von ihr immerhin drei Filme, eine Operette und ein mahnendes Beispiel. Wer zu hoch hinauswill, muss den tiefen Fall einkalkulieren.

DER LÖWE KANN SICH EINE NIEDERLAGE
NUR SCHWER EINGESTEHEN

Die 10 wichtigsten Gründe,
warum es schön ist, ein Löwe zu sein

Wo du bist, scheint immer die Sonne.

Du weißt, wie der liebe Gott sich fühlt.

Wenn andere ihre Schnürsenkel vor dir zubinden, freust du dich
über die schöne Verbeugung.

Du hast keine Angst vor großen Tieren –
schließlich bist du selber eins.

Kaufreue und Minderwertigkeitskomplexe kennst du nur vom
Hörensagen.

Du zählst den Dispo-Kreditrahmen
einfach zur Habenseite deines Kontos.

Die zweite Klasse der deutschen Bahn hast du bisher nur auf
deinem Weg ins Bordrestaurant oder zur Toilette betreten.

Solange es Austern, Artischocken und Seezunge gibt, kannst du
trotz Schlemmerei dein Gewicht halten.

Niemand erwartet von dir falsche Bescheidenheit.

Sämtliche Lokal- und Ladenbesitzer im Umkreis von 50 km haben
extra für dich einen Pförtner und einen roten Teppich besorgt.

DER LÖWE IST DER FESTEN ANSICHT, DASS ALLE, DIE
MIT IHM ZUSAMMENLEBEN, ZU BENEIDEN SIND

DER LÖWE HÄTTE GERN SCHON ZU LEBZEITEN
EIN DENKMAL

Die 10 wichtigsten Gründe,
warum es anstrengend ist, ein Löwe zu sein

Überall sind Paparazzi, die dich für die Rubrik „Royals ganz privat"
in einschlägigen Frauenzeitschriften ablichten wollen.

Auf der Welt gibt es 8 % Löwen, aber nur 1% Chefpositionen.
Von Monarchien ganz zu schweigen.

Am Ende des Geldes hast du immer noch so viel Monat übrig.

Du hast eine Allergie gegen 1-Euro-Shops, doch diese sprießen
förmlich aus dem Boden.

Der rote Teppich vor deinem Haus zieht Einbrecher und Hausierer
magisch an.

Die Aktion „Sänfte statt Dienstwagen" konnte sich leider nicht durchsetzen.

Vom vielen Brüllen kann man Kehlkopfentzündung bekommen.

Gute Dienstboten sind heutzutage kaum noch aufzutreiben

Du kannst den Film „Der König der Löwen" nur mit einer Familienpackung Tempotaschentücher anschauen.

Opulente Mahlzeiten und Champagnerräusche sind nicht nur teuer, sondern hinterlassen auch Spuren auf deiner Körpermitte.

DER LÖWE IST EIN HEMMUNGSLOSER GENIESSER

DAS GEHEIMNIS DES LÖWEN IST ES, DASS ER
SO SELTEN AN SICH ZWEIFELT

Löwendiplomatie für Anfänger:

Wenn der Löwe … sagt, dann meint er eigentlich:

Schön, dass ihr da seid … jetzt verbeugt euch mal artig.

———

Ich bin nicht eitel … du würdest auch dauernd in den Spiegel schauen, wenn du so schön wärst.

———

Ich schreie nicht … ich zeige dir gleich,
wie laut ich wirklich brüllen kann.

———

Meine sehr geehrten Damen und Herren … liebe Bewunderer,
Hofnarren und Untertanen.

———

Ich liebe dich … Du passt hervorragend zu meinem
mondänen Lebensstil.

———

Das war gar nicht so teuer … es gab noch ein Modell, das teurer
war, aber das hat mir seltsamerweise nicht gefallen.

Gehen wir Essen? … Ich lade euch auf ein 3-Gänge-Menü
mit Champagner ein.

—

Wie war ich? … Genial, oder?

—

Wer ist dieser Kretin? … Mist, die Konkurrenz schläft nicht.

—

Oh prima, es gibt Brotsuppe … und was soll ich essen?

—

Darf ich um Ruhe bitten? … Wenn der Kuchen spricht,
haben die Krümel zu schweigen!

—

Ich glaube, ich bin müde …
mir ist langweilig und keiner beachtet mich.

—

Hier ist ja gar nichts los …
Wo ist meine Fangemeinde?

LÖWEN BESITZEN EINE NATÜRLICHE AUTORITÄT

ES IST DIE URWÜCHSIGE KRAFT, DIE DEN LÖWEN
SO UNWIDERSTEHLICH MACHT

Erfindungen, die dem Löwen zugeschrieben werden:

Monarchie

Roter Teppich

Kreditkarte

Spiegelsaal

Smoking

Barock

Löwenbräu

Stretchlimousine

Kaviar

Samt

Danziger Goldwasser

Bankett

VIP-Lounge

Papamobil

LÖWEN SIND SICH IHRER ZENTRALEN ROLLE IM
WELTGESCHEHEN DURCHAUS BEWUSST

10 Gebote
für ein gutes Zusammen-
leben mit dem Löwen

1.
Du sollst keine anderen Gottkönige neben mir haben.

2.
Du sollst mir nicht widersprechen und mich auch
nicht unterbrechen.

3.
Du sollt das Leben mit mir zelebrieren wie
ein großes Fest.

4.
Du sollst die Worte billig, einfach, spartanisch
und sparen in meiner Gegenwart nicht unnötig
oft gebrauchen.

5.
Du sollst mir meine Freiheit lassen.

6.

Du sollst mich nicht an meinen
Kontostand erinnern.

7.

Du sollst mir die lästige Hausarbeit weitestgehend
abnehmen.

8.

Du sollst von meinen Erfolgen berichten,
sie lobpreisen und dich in meinem Glanze sonnen.

9.

Du sollst mein Bildnis an deinem Arbeitsplatz
aufstellen.

10.

Du sollst unseren Park begrünen und Mängel
an unserer Residenz schnellstmöglich
beheben lassen.

Nur noch Löwen auf der Welt – geht das?

Man kann es wahrscheinlich ohne schlechtes Gewissen behaupten: Eine Welt voller Löwen wäre ziemlich problematisch! Warum, fragen Sie, wo der Löwe doch so eine charmante Lichtgestalt, ein echter Macher, und außerdem Garant für eine florierende Wirtschaft ist? Ganz einfach: Genauso wie ein Laden voller Chefs zum Scheitern verurteilt ist, mangelt es in einer Welt voller Löwen einfach am Unterbau. Wer wird die teuren Luxusgüter produzieren, die der Löwe so gerne konsumiert? Wer den Müll abholen und die Straße kehren? Wer soll in den Nobelrestaurants bedienen? Der Löwe bestimmt nicht, denn er hat Wichtigeres vor. Aber verzichten möchte er auf all diese Annehmlichkeiten natür-

lich auch nicht. Darüber hinaus gibt es noch ein weiteres Problem: Da die meisten Löwen nur mit einem eigenen Hofstaat glücklich sind, sind innovative Konzepte wie Thron-Sharing und Huldigungs-Hopping wahrscheinlich ebenfalls zum Scheitern verurteilt. In einer Welt voller Löwen gäbe es nur eine Chance: den schnellen Ausbau der Roboter-Technologie. Sobald die Löwen es geschafft haben, möglichst lebensechte, fleißige und ergebene Diener aus Stahl zu kreieren, kann die Löwen-Welt ein echtes Paradies werden. Die innovativen und energiegeladenen Löwen haben massenweise gute Ideen, wie man mit möglichst wenig eigenem Arbeitseinsatz zu möglichst viel Luxus kommt. Das Geld kommt einfach aus dem Automaten, jeder hat seine eigene Villa und die Huldigungs-Maschinerie begehrt niemals gegen ihre Götter auf. Traumhaft!